„Nehmen Sie bitte Platz.“

„Machen Sie sich frei.
Entspannen Sie,
denn Sie werden gleich
etwas denken müssen …“

Für Daniela

Dank

sagen möchte ich vor allem Ruth

–

meiner Frau, Freundin, Beraterin und Kritikerin

–

sowie allen Kritikern.

HARALD SCHMIDT

REIM(E) auf das Leben …

Bibliografische Information der Deutschen Nationalbibliothek
Die Deutsche Nationalbibliothek verzeichnet diese Publikation in der Deutschen Nationalbibliografie;
detaillierte bibliografische Daten sind im Internet über http://dnb.d-nb.de abrufbar.

Rheinstraße 46, 12161 Berlin
Telefon: 0 30 / 76 69 99-0
www.frieling.de
Entwurf des Innentitels: Fred Jahn
Umschlaggestaltung: Michael Beautemps
Mit Illustrationen von Harald Schmidt / Foto-detail-discoverer © hasch

1. Umschlagseite
Madame Coco /Foto von Harald Schmidt
2. Auflage 2020
ISBN (Print): 978-3-8280-3498-3
ISBN (E-Book): 978-3-8280-3501-0
Printed in Germany

Reimen …
trainiert das Gehirn,
ist deshalb gesund,
lässt die Sprache farbiger werden,
fordert Nach-Nachdenken und Weiter-Denken.
Reimen und Denken können unterhaltsam sein.

Der Vor-Reim

Im Buch sind gereimte Kurzgeschichten,
die über Wichtiges, aber auch über Nonsens berichten.
Die Form ist mal anders – es ist eben ein Reim.
Manche werden fragen: muss das denn sein?
Antwort: Warum denn nicht?!
Liest sich doch gut, ein Gedicht.
Und außerdem: zum Dichten bedarf es
Nachdenken und damit mehr Zeit.
Nachdenken wiederum ist immer gescheit.
Keine Bang,
die Geschichten sind nicht lang.
Die kurz gereimten Storys sind mal ernst,
mal lustig geschrieben.
Für den Spaß ist zumeist Platz geblieben.
Fein – wenn Leser Ironie und Satire lieben.
Dabei wird vom Autor keineswegs übertrieben.

Die Geschichten im Reim
sind fast alle wahr und real.
Erwirb sie – Gratulation dem Käufer
zu seiner Wahl.

Für den Alltag gilt:
Mach dir einen Reim auf das Leben.
Das ist besonderes Bestreben.
Reimen fördert das Denken,
man hat mehr Vielfalt und Farbe
an Worte zu verschenken.
Denn im Leben reimt sich immer
etwas zusammen …

Es gibt deshalb zum Buch nichts weiter zu sagen, denkt der Autor.
Übrigens, enthält das Buch auch ein paar ungereimte, aber poesievolle Kurzgeschichten. Das sind sogenannte Kontrollpunkte, anhand derer festgestellt werden kann, wie weit der Leser gelesen hat.*

Leipzig, im Januar 2020

Der Autor

**) Das ist Satire*

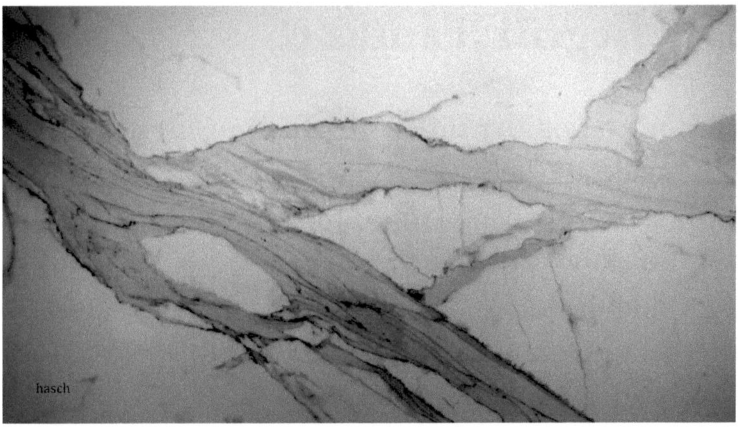

Fantasie in Marmor

Fantasie – geflügelte Worte

Fantasie bekommt man nicht
von der süßen Limonade
ähnlichen Wortlauts,
sondern durch Wissen und freies Denken.

Der Begriff ‚Fantasie'

wird nicht von der süßen gleichnamigen
Limonade abgeleitet.
Aber sie kann ebenso süß sein.
Trinkst du von der einen zu viel,
dann klebst du,
von der anderen hebst du ab.
Dann staunst du,
was du in fantastischer Höhe
Fantastisches sehen kannst:
einen Blick in die Zukunft,
in die Weite, über Details.

Thunfisch im Doppelpack

Ein großer Thunfisch wird ganz klein

Ein Thunfisch schwamm im Ozean
– ganz groß.
Er fand sich mit einem Meter fünfzig
sehr famos.
Eines Tages wird er
gefangen, gekauft, gekocht
und vom Gourmet-Meister sehr gemocht.
Der Koch hält in der Hand
eine kleine Perlzwiebel.
In sie soll er rein – das nimmt der große
Thunfisch übel.

Der Koch zupft von ihm ein kleines Stück.
Fügt es ein in die Zwiebel,
die wird ganz weich vor Glück.

Was lehrt uns diese Geschichte?
Auch ein Großer kann mal
verschlungen werden von einem Wichte.
Sie ist für viele dann ein Muss –
wie im Fall des Thunfisches – ein Genuss.

Background:
In einem Gourmetlokal in Asturien, Nordspanien wird der dritte Vorspeisengang – Thunfisch in der kleinen Perlzwiebel – serviert.
Die kleine Zwiebel liegt gefüllt vor den Gästen.
„Wie hat der Meisterkoch sie gefüllt?", denkt der Gast. „Frag doch den Meister.
Obwohl, er wird dir das technologische Geheimnis kaum verraten."
Falsch vermutet: der Meister kommt an den Tisch der neugierigen Gäste und lüftet das Geheimnis …

Genießen in Maßen

führt zur Erfüllung eines Maximums an Masse des gewünschten Hochgenusses.
Welcher Gourmet kann einen Wassereimer voll mit schwarzem Störkaviar auf einmal essen?

Mit dem Schreiben …

von Texten – populären, belletristischen oder wissenschaftlichen – verhält es sich ähnlich wie mit
der Tätigkeit der Hausfrau oder
des Managers eines Autokonzerns:
Ein Ziel wird festgelegt und dann zu diesem hingearbeitet. Die Methode ist im Prinzip gleich. Nur das Endprodukt und dessen gesellschaftliche Anerkennung unterscheiden sich:
ein gut formulierter Satz,
ein geschmortes Filet
oder ein Auto.

Denken und Schreiben – geflügelte Worte

Kopf frei für freies Denken
entwickelt ‚Geflügelte Worte',
lässt Worte ‚fliegen'.

*

Leiden-schaf(f)t
schafft Leiden, die einen schaffen,
die durch ebendiese Leidenschaft
leidlich werden können.

*

Die Gedanken sind frei,
doch die Realität steht ihnen im Wege.

*

Sprichworte:
Wenig Worte – großer Sinn.

*

Vor dem geflügelten Wort
kommt das Denken aus dem Stand.

Bonner Idylle am Morgen

Dämmerungs-Früh,
drei Uhr fünfundvierzig mitteleuropäischer Sommerzeit, im kleinen Weiler mit sechs historischen Höfen. Diese haben Geschichte aus der Jugendzeit der Preußischen Feuerversicherung erlebt, wie ein liebevoll gepflegtes Metallsiegel neben der rustikalen Haustür beurkundet. Politironisch gesagt: hier – im tiefen Westen Deutschlands – herrschte mal Preußen, also der Osten … Wie sich die Zeiten ändern. Vorsicht also, liebe westdeutsche Migranten, wenn ihr über den Osten lästern wollt, ihr könntet euch treffen. Noch nicht einmal eine halbe Autostunde von der ehemaligen bundesdeutschen Hauptstadt Bonn entfernt, kräht der erste Hahn. Nennen wir ihn den ‚Vorkräher'. Er ist ein wirklich schöner Vogel mit geschwollenem Kamm und mit einem schwarzen perlmuttgetönten grün-bläulich schimmernden Schwanz, von dessen Federn einige nahezu bis zum Boden reichen. Dieser Vogel ist ein rassiger Urhahn. Er weiß das.

Wie ein Profiboxer vor dem Kampf stolziert er mit geschwollener Hahnenbrust zwischen seinen Hühnern. Nur der Bademantel fehlt …

Was für ein Athlet im Vergleich zur Geflügelmasse für die Brathähnelstuben. Die Masse wird durch Masse verwertet. Sie landet auf dem Grill, in dem Topf oder der Pfanne und wird gegessen. Der stolze Rassehahn allerdings, wenn er nach vielen angenehmen Dienstjahren als King und Stammvater zeitlich das Ende erreicht hat, wird bestenfalls für eine Brühe ausgekocht und landet dann im Hundenapf, im Müll oder früher bei meiner Großmutter auf dem Misthaufen. So kann sich der Kreislauf des Lebens schließen. Doch zurück zum erwachenden Morgen bei Bonn in ländlicher Idylle.

Der Vorkräher stimmt den Ton an. Seine Kollegen in der Nachbarschaft warten nicht mehr. Der Chor der Hähne lässt seine Stimmen zu einer Melodie des Klagens und des Rebellierens erklingen.

Wie ein Feldherr steht der Gockel zumeist etwas erhöht, um Gefahren schnell zu erkennen. Aus gutem Grund macht er dies. Hat ein Fuchs erst vor ein paar Tagen von einem Hahnkollegen die Kinderstube ausgeräumt.

Sechs kleine Küken hat Reineke im Blutrausch einfach totgebissen. In dieser Hinsicht verhält sich der Fuchs wie einige Menschen, die oft mehr vernichten, als sie brauchen; wie zum Beispiel die Vernichtung von Lebensmitteln.

Aufgeregt erzählte gestern Abend die vierjährige Edith von der Bluttat. Blankes Entsetzen, Traurigkeit und Empörung zeichnen immer noch ihren Blick beim wiederholten Erzählen der Bluttat des Fuchses. Die zarte Psyche der Kleinen war verletzt worden, vermutlich prägend bis ins Erwachsenenalter. Das Kinderlied ‚Fuchs, du hast die Gans gestohlen' wird zur drastischen Realität. Derartige natürliche Ereignisse von Sieger und Besiegtem, von Leben und Tod präsentieren die Realität fern aller Sympathie für Niedlichkeit.

Des Mädchens erste Begegnung mit dem Tod hat Spuren hinterlassen.
‚Sechsfacher Kindermord bei Bonn' ist keine Schlagzeile in der morgendlich gerade ausgetragenen Tageszeitung der Bonner Provinz wert. Der Morgen erwacht weiter … Es beginnt das Konzert der Hähne im kleinen Weiler bei Bonn mit der Ouvertüre für den jungen Tag … und ein natürliches Erwachen … Bald darauf bekommen die krähenden Hähne Mitstreiter.
Ein einsamer exotischer Pfau beim Nachbarn raschelt bereits mit seinem prächtigen männlichen Federschmuck über dem Po, den er in den goldenen Abendstunden aufgefaltet und weit geöffnet präsentiert hatte. Jetzt trägt er ihn zusammengelegt wie ein menschliches Ballkleid. Einige Federn schleifen wie eine Schleppe auf dem Boden.

Der Pfau-Mann ist hier auf dem Hof einzigartig, fremdartig, ein Ausländer. Er hat sich Respekt erarbeitet; schon allein mit seiner Größe. Mit seiner markanten, kräftigen Stimme, klagend und gequält, nimmt er am Gesang der Hühner-Männer, er allerdings ohne Frau im Hintergrund, teil. Sein Gesang ist ein Aufschrei, im Vergleich zu den schmetternden Klängen der Hähne. Der Pfau im Weiler ist ein wirklich freier Sänger ohne Konkurrenz.

Steinhart bewacht

Allerdings, der wichtigste Zuschauer fehlte – die Pfauhenne. Es sei aber gesagt: wenn sie anderenorts anwesend sind, picken die Damen ohnehin gelangweilt im Gras und suchen ihren Hahn diskret, nach stiller und zurückhaltender Beobachtung, aus.
In den Chor stimmen sodann Amsel, Drossel, Fink und Star und eine bunte Vogelschar zwitschernd, tirilierend, jubilierend – wie in dem bekannten Kindevolkslied – ein. Kurz danach setzen die schweren Enten ein. Sie haben bisher geschwiegen, obwohl den ganzen Tag ihre Schnäbel nicht stillstehen: „Naak", „naak", „naaaak, naaaak", „nak, nak, nak, naaaak, naaaak". Sie erheben sich aus dem Sand am Rande ihres Tümpels, wackeln mit ihren Schwänzchen, nehmen einen Schluck vom Tümpelwasser und los geht der Geschnatter-Gesang im Chor der Tiere. In der Ferne bellen zwei offenbar große Hunde – stimmen in den morgendlichen Tierchor ein und teilen mit, dass es sie gibt: Ein zusätzlicher Weckruf für den im leichten Schlaf befindlichen Menschen oder der Triangel im Sinfoniekonzert – wenig notwendig, aber doch nützlich. Das Signal für die kleine beige Bulldogge Coco, die mit ihrer Figur und dem kräftigen Ringelschwänzchen eher einem kleinen Schweinchen als einem Hund ähnelt. Die kleine

Dogge, die so hässlich aussieht, dass sie wieder schön wirkt, wälzt sich wie ein verschlafenes Kind aus ihrer Kissenburg. Sie ist fett geworden und kann nicht mehr wie vor einem Jahr die Kissen locker überspringen. Herrchen hat deshalb Diät festgelegt. Vorbei die Zeit mit dem Verwöhnwürstchen zur Belohnung am Wochenende. Jetzt gibt es nur noch Pellets und Wasser. Wie sich doch Tierverhalten und Menschverhalten ähneln können … Geschirr klappert für einen ersten Kaffee.
Der Frühaufsteher bringt am sommerlichen Morgen sanft, unfreiwillig Leben ins stille Gehöft. Guten Morgen!
Allmählich durchdringen goldene, wärmende Sonnenstrahlen das noch kühle Grau des Morgens. Auf der nahen Weide unweit der ehemals ‚parlamentarischen Burg' Bonn beginnt allmählich der Disput der braunen und zartbeigen Kühe. Gleichförmig erscheint das „Muuuh, muuuh, muuuh". Es sind die Bässe im Tierorchester.
Der Morgentau hält das Fell der Tiere noch feucht. Nur ein paar Schritte weiter prusten ein Brauner und ein Schimmel in die frische Morgenluft. „Ptllll, ptllll, hrr, hrr, hrüüü, hrhüüü." Temperamentvoll setzen auf dem nahen Grasland die sonst langsamen Schafe mit ihren Lämmern ein. Den Schafgesang werden Zuhörer weniger als angenehme Bereicherung empfinden. Mit verschiedenen Tonlagen des Stöhnens ergänzen sie

den Chor der Tiere: „Aeh, aeh, aehju, aeh, ööööe, aaaöööee …“ Die Laute erinnern etwas an logopädische Übungen zur Kräftigung der Stimme. In der Musik der Menschen gefällt auch nicht alles allen. Das Moderne muss zumeist erst durch den Fleischwolf der Kritik des Hörers verarbeitet werden.

‚Morgenstunde hat Gold im Munde.‘ – Sprichwörtlich und wahrhaftig für den Chor der Tiere … unweit der Beethovenstadt Bonn in einem Weiler bei Bonn. 2020 feiert(e) die Stadt den 250. Geburtstag ihres größten Sohnes, Ludwig van Beethoven. Die morgendlich erwachende Ouvertüre des ländlichen Tierchores untermalt mit Beethovens ‚Silence‘ – was für ein akustisches Bild. Da kann zusammenpassen, was eigentlich nicht zusammengehört.

Weinliche Gedanken

Weinliche Gedanken

Heute trinke ich ein Gläschen Wein.
Und zwar einen Rosé – ganz allein.
„Mmmm, stp, st, stp, stststst."

Zunge und Lippen werden aktiv.
So sollte es bei vielen schönen Sachen sein.
Der Wein schmeckt allzu fein.

Die ersten Tropfen rinnen in den Hals hinein.
Die Minuten schnell fließend verrinnen.
Bald ist der Flascheninhalt in mir drinnen.
Das müsste eigentlich nicht sein.
Nein!
Zu zweit schmeckt er sicher besser – der Wein.
Aber nach einer Weile bin ich wirklich nicht mehr allein …

Abmahner Schrumpf kriecht aus dem Sumpf

Wer kriecht da aus dem Sumpf?
Das ist der Abmahner, Herr Schrumpf.
Wer ist der Abmahner? –
Er ist ein echter Absahner.
Unbedeutend kleine Fehler anderer
bringen ihm den Trumpf.
Durch Pokern mit dem Gesetz
und Erpressen füllt er seinen Sparstrumpf.

Wer kriecht da aus dem Sumpf?
Das ist der Abmahner, Herr Schrumpf.
Der Abmahner ist nicht unbedingt intelligent.
Er ist auch kein Mensch, den jeder kennt.
Bei komplizierten Themen
lässt er lieber andere ran.
Der aalglatte Typ ist für viele
ein falscher Mann.

Wer kriecht da aus dem Sumpf?
Das ist der Abmahner, Herr Schrumpf.
Er fühlt sich als Riese
und er ist doch nur ein Wicht.
Im Prinzip gilt er als schwaches Licht.
Er will schnelles Geld
und beherrschen die Welt.

Wer kriecht da aus dem Sumpf?
Das ist der Abmahner, Herr Schrumpf.
Er hat einen selbst geschaffenen Job.
Man druckt damit Money – einfach nonstop.
Er kämpft vermeintlich für das Recht.
Doch in der Realität versteht er es schlecht.
Er sucht nach Gesetzeslücken
und baut auf die bürokratischen Tücken.

Wer kriecht da aus dem Sumpf?
Das ist der Abmahner, Herr Schrumpf.
Er hat anmaßend merkwürdige Methoden.
Die Mächtigen bereiten für ihn den Boden.
Sie vernachlässigen den juristischen Acker.
Danach kommt der Abmahner
mit dem Abräumbagger.

Wer kriecht da aus dem Sumpf?
Das ist der Abmahner, Herr Schrumpf.
Macht ein Gastwirt, ein Händler
oder Lieschen Müller
einen kleinen Fehler im Internet,
verschafft ihm Abmahner Schrumpf
schlaflose Nächte im Bett.

Zehntausend Euro Ersatz für einen
nicht entstandenen Schaden,
schon kommen des Abmahners Maden.

Konkret: durch einen vermeintlichen oder kleinen
Mangel im Impressum, ein fehlendes oder nicht
eindeutiges Wort.
Darauf folgt mitunter wirtschaftlicher Mord.
Schreiben sie im Webseiten-Impressum den Vornamen des Verantwortlichen nicht aus,
ein Fall für den Abmahner – der mahnt und lebt
in Saus und Braus.

Bezeichnet ein Apotheker einen Obstsaft als gesund
für Magen oder Blase,
das darf er nicht – also holt sich der Abmahner eine
goldene Nase.
Raubritter Schrumpf bekämpft die Kleinen. Denn
die haben wenig Kraft.
Für Konzerne fehlt ihm allerdings der Saft.

Wer kriecht da aus dem Sumpf?
Das ist der Abmahner, Herr Schrumpf.
Er hält die Hand auf aus freien Stücken
und braucht sich nach dem Geld
nicht mal zu bücken.

Der Abmahner tut es nicht
für Gerechtigkeit und Recht.
Das wäre ja auch eigentlich nicht schlecht.
Durch Willkür will er
auf die Schnelle viel Geld.
Wo gibt es das sonst noch auf der Welt?!

Da hockt in einem Sumpfloch
der Abmahndrachen
und bekommt nicht voll genug den Rachen.
Er kichert – was kostet die Welt.
Leute, ich hole mir euer Geld.
Pardon wird es nicht geben.
Von eurem Geld will ich schließlich gut leben.

Er erklärt dir den Kampf für das Recht.
Doch seine Hintergedanken sind schlecht.
Motiviere dich –
sollst du klagen, sollst du nicht?
Klar, schlag ihn zurück, den miesen Wicht!

Geil – Kuscheln nach Ingwerart

Geil

Ach, wie bin ich doch heute so geil.
Auf der Party traf mich gestern Amors Pfeil.
Sie war humorvoll, schön und wirklich nett.
Ich hätte sie sofort getragen ins Bett.
Doch es war nicht nur der Trieb.
Es ist kaum zu glauben:
ich habe sie wirklich lieb.

Welchen Weg ich nun geh,
ist nicht einfach.
Denn ich will ihr keineswegs tun weh.
Soll ich sein schüchtern
oder cool und nüchtern.
Soll ich sein direkt.
Die Frage stellt sich immer wieder.
Die Antwort ist suspekt:
„Geh den Weg, der dir schmeckt.
Sei, wie du bist, vielleicht etwas gedämpft.
Aber sei nicht der, der mit dem
idealen Wunschbild kämpft.
Denn wenn die Kraft schwindet,
dein wahres Ich dich wiederfindet.

Die Liebesschaukel

Liebe und Freundschaft – geflügelte Worte

Liebes-Leben-Weisheit

Der Pfeil von Amor, von dir auf die Geilheit
gelenkt, geht ins Leere.
Amors Pfeil, gelenkt auf die Geilheit,
trifft verstärkt den Frust,
denn bald kommt die Ebbe bei der Lust.

Liebe plus

Liebe reimt sich mit Triebe.
Wer mehr will,
sollte es nicht dabei belassen.

Die ‚guten' Freunde

Wenn jemand für ihn
schlechte Zeiten durchschreitet,
spürt er, wie gut seine guten Freunde sind.
Von ursprünglich vielen aus der guten Zeit
bleiben meist nur wenige.
Sie sind wirklich gut …

Liebende Öltriebe

Liebende Triebe

Es waren einmal, das ist vom Wahren,
zwei junge Öltriebe,
vor vielleicht 500 Jahren.
Ein Mensch steckte sie
in Andalusien dicht zusamm' –
aus zwei wurde eins, verbunden in Liebe.
Sie wurden zu einem Stamm.

Sie erlebten viele gute wie schlechte Stunden.
Sie frönen immer noch der Liebe.
Die Triebe – sie sind untrennbar verbunden.
Schön, wenn es noch lange so bliebe.

Sei es, wie es sei:
Viele andere alte Bäume wurden hohl.
Für die Kraft der Liebe, durch die Liebe:
Das Ölbaumtraumpaar wurde dagegen
zum Symbol.
Ihr Stamm blieb stabil
wie zu Zeiten der jungen Triebe.

Resümee:
Es bleibt ein Märchen der Natur:
Zwei Ölbäume sind ein Denkmal
für einen Treueschwur.

Grün, aber schon schmackhaft – die Piementos auf Salz

Liebeserklärung eines Nichtvegetariers

Grün wie Spanisch-Galicien bist du,
noch nicht reif, aber essbar.
Mild bist du,
aber vereinzelt auch scharf.
Du kannst es sein,
musst es aber nicht.
Du bist reich an Mineralien und Vitaminen.
Du bist klein,
aber deshalb doch so groß;
so groß-artig.
Du machst satt –
mit deiner Kleidung
aus Olivenöl und Meeressalz,
in der Pfanne heiß gemacht.
Du Pfefferschote, genannt Pimiento
du Paprika, geboren in Galicien,
du eroberst Europa und vielleicht die Welt.
Du sollst noch nicht reif sein?
Aber doch!
Ratsch –
du bist ja sooo zum Reinbeißen.

Faul

Wer grundsätzlich faul ist, der verfault.
Wer ab und zu mal etwas faul ist, der schöpft aus der schwachen Faulheit Stärke.

Reim dich, oder ich fresse (liebe) dich

(eine eventuelle Vorlage für einen Schlagertext)

Sie hat sein Herz gestohlen.
Das gesteht er unverhohlen.
Dafür könnte er sie glatt versohlen.
Aber die Glücksgefahr kam auf leisen Sohlen.
Er fühlte sich standfest und sicher
wie auf Eichenbohlen …
Dabei nahm er es hin.
Denn Liebe mit Herz hat doch einen Sinn.

Neugier

bedeutet, gierig sein auf Neues, auf neues Wissen, auf neue Informationen.
Erlischt bzw. fehlt sie, erlischt der Drang nach Neuem. So altert das ursprünglich neue Wissen, bis es überholt wird von neuem und vielleicht ganz oder teilweise stirbt. Mit etwas Neuem entsteht mehr oder weniger auch die Gier nach dem Wissen darüber.

Sonnenstrahlen „durchscheinen“ einen Hühnergott

Der Hühnergott

Sitzen die Hühner zu lange auf der Stange,
da wird's dem Hahn allmählich bange.
Ein Tipp für alle Hühnerbauern:
ihr müsst deshalb nicht versauern.
Nehmt einen Hühnergott.
Der macht die Geflügel-Mädels flott.

Hängt den Stein auf die Stange.
Dann wird den Hühnern nicht bange.
Der Hühnergott macht die Hühner flott.
Er schmiedet mit ihnen ein Komplott,
treibt Fuchs und Marder in den Bankrott.
Die beiden wollen nicht die Hühner necken,
sondern von ihrem Blute schlecken.

Der Hühnergott: ist ein schwarz-weißer Stein,
kann klein oder groß,
aber immer etwas mollig sein.
Wer fasziniert ist von Fantasie,
entdeckt Nähe zur Steinzeit –
eine Symbolfigur der Fruchtbarkeit.
Jedoch das Meer hat ihn geschliffen
und ausgespült ein Loch,
oder zwei, auch mal drei,
bis er an der Küste lag, im Sand ganz frei.

Dieser Hühnergott
macht die Hühner flott.
Wenn sie sitzen zu lange
auf der Stange.

Schenk doch deiner Liebsten einen Hühnergott für
die Kette um den Hals.
Selbstgemachtes ist ein überzeugendes Mittel bei
der Balz.
Sie wird über den Fund lachen
und mit dir schöne Sachen machen.
Du setzt sie auf die Stange.
Da wird ihr garantiert nicht bange.
Glaubt es oder glaubt es nicht.
Es ist – wie auch immer –
eine schöne Geschicht'.
Oh, ihr Ungläubigen,
ihr könnt diesen Gott entdecken
und damit die Hühner und die Geliebte necken.

Der (deutsche) Badegast

Da geht der deutsche Badegast – ohne Hast –
zum Swimmingpool zur Rast.

Wie bitte – genau …
Es kann auch sein eine Frau.

Mit weißen Socken und braun,
grauen Sandalen
– ästhetisch –
gleicht sein Outfit dem
von Vandalen;
sein Markenzeichen.
Er schreitet voran und alle müssen weichen.
So, als will er gehen über Leichen.

Für Briten und Franzosen ist er ein Fluch:
der deutsche Badegast
mit dem großen Handtuch.
Dies langweilt sich auf dem Liegestuhl
bereits seit um sechs.
Es verlangt beim Deutschen
sogar Interruptio beim Morgensex.

Mit Frau hat er das Frühstück
im fliegenden Wechsel absolviert.

Sturm an der Küste von El Hierro

Nun läuft der weitere Tagesablauf
wie geschmiert.

Ein Stuhl, belegt mit dem eigenen Po,
Gepäck für das Baden.
Er ist ganz gut eingerichtet – der Laden.
Nach dem dritten Bier, da drückt die Blase,
die Germanenfrau schnarcht durch die Nase.
Was soll er tun? Das ist die Frage.
Zu viele lauern auf seine Plätze
am sonnenheißen Tage.

Der deutsche Badegast bucht gern
fünf Sterne in der Ferne.
Er liebt die Sauberkeit im Bad.
Laufen Kakerlaken
übers Laken,
weiß er bei Reklamationen guten Rat.
Gesucht wird nach dem Staub
auf dem Schrank.
Das ist bei der Reklamation
zumeist eine sichere Bank.

Der deutsche Badegast:
Sein Bauch wird vermutlich schon zur Last.
Deshalb treibt es ihn rasch
in Richtung Poolbar zur Rast.
Die Beine baumeln hier im seichten Wasser.
Hier ist das Leben wahrlich weich.

Im Paradies der Sinne
fühlt sich der Gast wie ein Scheich,
wenn der Cocktail durch die Kehle rinnt.
Man spürt allerdings bei all-inclusive:
er ist etwas verdünnt.

Es geht der deutsche Badegast
gemächlichen Schrittes zur Rast …
zum prall gefüllten Hotelbüfett;
vergleichbar etwa mit einer Mast.

Beachtet bitte:
‚deutsch' hat der Autor in Klammern gesetzt.
Derartige Typen gibt es überall.

Der Badegast zeigt, was er hat …

Nicht allzu ernst

Menschen, die sich allzu ernst nehmen,
erfüllen selbst
diese Berechtigung zumeist nicht.
Sie sind steril
und verlieren im Leben viel.

Auf dem See

Ach, du mein lieber Schwan,
sieh mich nicht so trotzig an.
Komm doch in meinen Kahn.

Wir schaukeln dann ein bisschen
sanft auf und nieder.
Wenn du senkst dein Augenlid,
so bewegt sich auch … bei mir einiges …

Ein Vater an seinen erwachsenen Sohn

Mein Sohn, wir hörten
voneinander lange nichts.
Was birgst du so bang dein Gesicht?
„Alterchen, lass den Erlkönig –
du bist es doch, der nicht mit mir spricht."
Mein Sohn, du denkst, ich sei dir gram,
dabei bin ich in puncto Schreiben
manchmal etwas lahm.
Ich bin mitunter sprachlos
per Handy oder Telefon.

Die Arbeit, die ich liebe,
fordert den ganzen Mann.
Aber das weißt du, mein Sohn.
Erfüllte Arbeit sollte nicht
der Grund sein für Schweigen.
Wir müssen einfach mehr Offenheit zeigen.
Beide denken wir modern.
Ignoranz und Blindheit
vor dem Neuen liegen uns fern.
Die Grundwerte sind ähnlich,
manchmal mit etwas andrer Sicht.
Aber wir sind ja nicht kleinlich wie ein Wicht.
Es gibt eigentlich nichts, was trennt.

Nur die Lebenszeit – die rennt, rennt, rennt …
Reif und Jung haben sich doch viel zu sagen.
Gesucht werden Antworten
auf viele offene Fragen
aus vergangenen,
heutigen und zukünftigen Tagen.

Du bist nicht böse auf mich
und ich bin es nicht auf dich.
Wir liegen nicht im kriegerischen Streit,
obwohl wir es wissen,
auch dieser Zustand belastet mit der Zeit.
Vielleicht finden wir manche Entscheidung
des anderen nicht gut.
Doch Unverständnis lässt sich überwinden mit
Toleranz und Mut.
Ich klopf auf Holz
und denke,
wir sind berechtigt aufeinander stolz.

Mein Sohn, wir sollten stets daran denken
und uns mehr freie Zeit schenken.
Lass uns das Schweigen unterbrechen.
Denn Funkstille könnt sich einmal rächen.
Manchmal ist Schweigen nur Silber,
aber Reden Gold.
Also, mein Junge, packen wir es an,
die Zeit ist uns hold.

Alte Baum-‚Haut‘

Alte Birke in der Abendsonne

Alter Mann kämpft gegen alte Birken

Es grünen drei riesige Birken.
Sie sind gesund, stark und lang.
Doch es wird uns bang.
Denn trotz aller Mühen
liegen bald die drei Bäume lang.

Noch stehen sie senkrecht auf dem Boden fest.
Manch Singvogel baut hier sein Nest
und auch mal etwas fallen lässt.
Gewiss, sie haben viel Laub.
Doch das schützt vor Sonne, Lärm und Staub.

Einen alten Mann – älter als die Bäume –
das Laub aber stört.
Er fordert: „Die Bäume müssen fort!"
Oh Mensch, wenn dich schon nicht
ein schöner Baum betört,
bedenke – das ist doch Natur,
eigentlich Baum-Mord.
Nur damit er sich beweisen kann als Mann,
soll die Säge an die Naturwunder ran.

Da packt doch
den denkenden Menschen die Wut.
Denn sind die erwachsenen Bäume erst tot
und verbrennen in des Kaminfeuers Glut,
erst dann wird bemerkt die Not.
Mit Verlaub gesagt: wer so etwas tut,
ist wirklich ein Idiot.

Fazit:
60 Jahre alte Birken sollten
nach dem Willen eines 85-jährigen Mannes
des Laubfalls wegen weichen.
Sie sollten werden zu Baum-Leichen.
Auch wenn es dem Alten tat widerstreben,
ein Richter entschied für das Weiterleben.

Die Kunst des Fallens

Die Kunst des Fallens will gelernt sein.
Nebensächlich,
ob Mann in den Schoß einer Schönen fällt,
über ein Hindernis,
über die Stolperdrähte eines Finanzhaies
oder aus der Vorstandsetage.

Glocke vom Fichtelberg

Trinkspruch auf den und zum Fichtelberg*

Oh Fichtelberg, oh Fichtelberg,
wenn ich dich seh, bin ich ein Zwerg.
Tradition sind Bergwerk, Handwerk,
Schnitzerei und die Weihnachtsbäckerei.

Überall sind historische Erzstollen.
Das gleichnamige Weihnachtsgebäck
viele Fans gern essen wollen.
Freude bringen bis Hongkong
die Pyramiden aus Holz
oder der Vogelbeerschnaps – was solls …
Oh Fichtelberg, oh Fichtelberg.
Darauf einen Schluck erzgebirgischen
Vogelbeerbaum-Schnaps.

\) Der Fichtelberg ist der höchste Berg im sächsischen Erzgebirge. Die Beeren des Vogelbeerbaumes werden zu einem würzigen, genussvollen Getränk gebrannt.
Im rohen Zustand sind diese Früchte giftig. Menschen lassen sich aber vom ungenießbaren Giftzwerg zum netten Menschen wandeln.

Olé Aloe

Oh Aloe Vera – du aus der Antike
bekanntes Kraut,
wie hast du meinen Körper aufgebaut.
Du hilfst dem Magen, dem Darm
und der Haut –
auch wenn der Vielfraß
mal nicht gut verdaut.

Du bist ein Geschenk der Natur
und deshalb modern.
Deine etwa 160 wertvollen Wirkstoffe
schätzen viele gern.
Du heilst bei Verletzung und bei Brand.
Mit dir sich verbinden, das ist keine Schand.

Deine Nummer 1 wächst auf den Kanaren.
Die Bedingungen für dich
zählen hier zu den wunderbaren.
Beim internationalen Vergleich
kannst du hier die Spitze halten.
Du bist nicht mehr jung
und wirst trotzdem nicht veralten
und die Hebel zur Gesundung schalten.
Das Wichtigste: du besänftigst die Falten.

Oh, du geheimnisvolle Ärztin – du wahre.
Du hilfst uns Menschen
von der Wiege bis zur Bahre.
Königin Aloe Vera, du bist okay,
‚Bravo' auf Deutsch und auf Spanisch –
Aloe olé.

Mandelblüte

Die Mandel von Mallorca

Weiß-rosa Blüten schmücken kahle Zweige.
Die nächtliche Kühle
den wärmenden Sonnenstrahlen weicht.
Das magere Weiß am Boden fließt zur Neige.
Der Hauch der Luft ist mild und leicht.
Es wird Frühling auf Mallorca.

Auf den Höhen öffnet sich
der leichte, dünne Schneemantel.
Die Blüte im Tale ist nicht allein.
Es rauscht das Blütenmeer der Mandel.
Saftig-süße Orangen-Monde
leuchten golden im Sonnenschein.
Es ist Frühling auf Mallorca.

Am Zweig hängt verpackt die Frucht
im grünen samtenen Kleid.
Das Kleid bricht auf
und zeigt den harten Kern.
Wer entdecken will die süße Maid,
der muss knackend sie erobern.
Es ist Sommer auf Mallorca.

Geknackt zeigt die Mandel ihr braunes Mieder.
Geschält ein weißgelblicher Korpus.
Keiner senkt die Augen nieder,
wenn entblößt die Mandelnuss.
Es ist Herbst auf Mallorca.

Ein Kleid aus Eis, Schoko, Zucker,
Salz, Gewürz oder Tortenteig
steigert den Wohlgeschmack
in vieler Leute Munde.
Bald verzückt wieder die zarte
weiß-rosa Blüte am kahlen Zweig.
Es beginnt nicht nur für Mandeln
eine neue Runde.
Es wird wieder Frühling auf Mallorca.

Eifer-Sucht

… ist, wenn jemand einen Partner bucht,
dann mit Eifer misstrauisch nach ‚feindlicher'
Konkurrenz beim Liebespartner sucht.
Das wird mitunter Sucht.

Für Eifersucht gilt wie bei der Arznei:
In Maßen ist sie gut.
In Massen bringt sie den Partner in Wut.
Eifersucht ist schlecht, wird sie zur Sucht,
dann treibt sie den Partner in die Flucht.

Für die aktiven Frauen der achtziger und neunziger Jahre:

Ruth – eine moderne Frau aus der Bibel

Dreitausend Jahre ist es wohl her,
als entstanden sein soll diese Mär.
Sie wurde überliefert von Mund zu Mund.
Doch bald schlug in historisch-religiösen Schriften
ihre Stund.

Im antiken Palästina, im Staat Moabit,
beginnt die Geschichte,
über die ich jetzt berichte.
Man schrieb das Jahr 2000
vor der Zeitenwende;
sagen wir ‚ungefähr'.
Wer weiß das schon so genau
bei einer uralten Mär.

Eine jüdische Familie
war wegen Hungersnot auf der Flucht.
Aus Betlehem kommend,
sie im Staat Moabit nach Nahrung sucht.
Nach kurzer Zeit stirbt der Vater,

bald darauf seine zwei erwachsenen Söhne.
Zurück bleiben drei Witwen – die Ehefrauen.
Für Witwen war es damals schwer,
eine Zukunft aufzubauen.

Das Leben war hart.
Doch Ruth war gut, hatte Mut.
Sie schwor ihrer Schwiegermutter die Treue.
Das war für Alt und Jung ein Start ins Neue.
„Wohin du gehst, dahin gehe auch ich …“ –
heute ein biblisches und geflügeltes Wort.
Für die weitere Fahrt des Lebens
gingen Alt und Jung gemeinsam an Bord.

Ein Dreitausend-Jahre-Sprung:
Ich kenne eine Ruth von heut,
die auch keine Mühen scheut.
Sie steht für Freundschaft und Solidarität.
Wie damals – so auch heut
vieles nur mit diesen Komponenten geht.

Die Ruth von heute
packt schwere Aufgaben an
und manchmal auch mehr,
als sie eigentlich kann.

Sie ist Gefährtin durchs Leben
und hat ihrem Partner
viel Stärke gegeben.

Worthülsen und leere Bilder
zur Emanzipation braucht Ruth nicht.
Sie haben ihr nichts gebracht.
Dieser Trend ist eine mitunter einseitige Sicht.
„Wer nur viel reden und wenig lösen kann“,
so sagt sie mit Bedacht,
„den habe ich immer nur verlacht.“

Im Beruf und in der Familie –
Ruth ist vielmehr eine Frau der Tat.
Ohne Zweifel sie dadurch viel erreicht hat,
als Berufstätige und sogar selbständige Chefin,
ebenso als Hausfrau und Mutter,
Samariterin und Beraterin.
Überall steckt sie kompetent und kreativ drin.

Ruth ist mehr als die starke Frau
hinter dem starken Mann.
Sie steht immer zumindest neben ihm,
so oft sie kann.
Sie ist mal langsamer und mal schneller,
sie überholt und fällt zurück.
Ist das nicht menschlich – was für ein Glück!

Ruth ist Krankenschwester
und treue Kameradin in schweren Tagen.
Sie hat geweint um den erkrankten Freund,
für Heilung recherchiert, um ihn gekämpft,
mit ihm gelacht.
Ihr Optimismus hat ihn gesund gemacht.

Ruth ist nicht nur treu und ergeben
wie die Ruth der Vorantike.
Sie steht mit beiden Beinen im Leben.
Sie denkt,
entscheidet, gestaltet, führt und lenkt.

Sie schätzt den Wettbewerb mit dem Mann,
unterstützt ihn allerdings auch, soweit sie kann.
Sie erscheint manchmal introvertiert.
Doch ihr mitunter südländisches Temperament
wird kaschiert.
Wird Ruth gereizt,
fliegen manchmal Obsttorten oder Tassen.
Trifft sie nicht, so nimmt sie es gelassen.

Millionen Frauen von diesem Typ mit oder ohne
Namen RUTH gab es zu allen Zeiten.
Die Zeiten ändern sich und so auch Ruth.
Ihre Grundwerte werden allerdings bleiben.

So wird man(n) in dreitausend Jahren
noch schreiben über Ruth.
Hoffentlich! Denn das wird für uns alle gut.

ABER

Gedanken zu ABER – warum nicht? ABER …
Das deutsche Wort ABER
sagt eigentlich nichts und doch so viel.
„Die Frau ist klug. Aber."
„Ich liebe diese Stadt. Aber."
„Der Wein ist delikat. Aber."
„X, Y ist gut. Aber …"

ABER schränkt ein.
Aber muss das denn sein?
Der Zusatz von ABER
sei typisch für die Deutschen,
meint mein französischer Freund.
Das sei eine Frage der Mentalität und Identität.
Hat er recht oder nicht? Aber …
Aber ja. Ich liebe es, das Aber.
Die ABER typisch deutsch Denkenden
aber vielleicht doch
die Bedenken anders lenken.
Das Positive braucht den negativen Abgang,
vielleicht in einer verkleinerten Dosis,
durch ein ABER.

Muss Positives schwarze verbale Punkte haben?
Relativierende Worte:
Wo Sonne ist, da gibt es auch Schatten.
Zwei Seiten einer Münze.
Yin und Yang.
Aber ja – aber in der richtigen Dosis.

Was höre ich für ein Gelaber?
Oder anders gesagt, ist das Gel-ABER?!

Background über einen potenten Kerl

Stolz zeigt Diego, der Stierzüchter in Asturien, auf einen einsamen Stier. Zwanzig Meter vor uns steht er und zeigt uns ungeniert sein Hinterteil mit der gesamten Pracht.

„Dort steht Hurón. Neunzehn Jahre ist er alt. Seine Wildheit hat ihm seinerzeit das Leben geschenkt. Er wurde zum Zuchtstier und hat etwa tausend Kälber gezeugt." Da steht er nun, der alte Mann, auf der großen Weide, ein Mann mit Geschichte …

Wir gehen auf Hurón zu. Der Magen beginnt zu schwächeln. Die Knie werden elastisch. Aber Züchter Diego gibt Sicherheit. Was Psychologie so alles kann. Denn wenn der alte Stier gereizt werden sollte, dann wird wohl Diego auch wenig helfen können …

Hurón schaut wie seine Beobachter zur Sonne im Westen. Im Gegenlicht hebt sich sein alter, aber immer noch athletischer Körper dunkel wie ein Scherenschnitt vor dem gold-rötlichen Horizont des allmählich verschwindenden Sonnenlichts ab. Es scheint, als stehe der Stier von der spanischen Schnapsfirma Osborne vor uns. Er wurde zum Denkmal an Autobahnen per Entscheidung vieler Spanier.

Hurón steht wie ein Denkmal. Hurón heißt auf Deutsch ‚Frettchen'. Ein zärtlicher Name eines kleinen Kaninchenjägers für den mächtigen Stier. Aber auch Frettchen sind temperamentvoll und wild. Gelangweilt dreht sich Hurón zu den Menschen hinter ihm um. Er schaut sie an, schwenkt den Schwanz und dreht sich wieder. Hurón zeigt sein bestes Stück, sein im bisherigen Leben wichtigstes Werkzeug. Dann lässt er einen Wasserstrahl – ein Ausdruck der Langeweile oder gar der Missachtung – und trabt der Abendsonne entgegen. Allerdings wird seine Sonne bald untergehen. Doch immerhin hatte er ein schönes Leben – vielleicht für manchen Menschen-Mann ein beneidenswertes. Er hat einmal richtig Leistung bei seinem ersten und einzigen, zumeist blutigen, archaisch wirkenden Kampf zwischen Mensch und Stier gezeigt und ein ganzes Leben lang vom Erfolg gezehrt. Ein echter Star eben – ach, wie menschlich. Samenspender wurde dann sein Beruf.

Das Tier im Stier

Ach, wär ich doch ein Stier.
Dann könnt ich gut mit dir.
Ich hätte wirklich viel Potenz.
Doch dafür (vielleicht) weniger Intelligenz.

Die Rede ist von Liebeskunst als Kunst.
Sie ist für uns Menschen eine Gunst.
Tiere kennen in diesem Sinne kaum Liebe.
Sie folgen nur ihrem Triebe.

Was ist für dich die Kunst der Liebe –
zärtliches Niveau oder animalische Triebe?
Aus Erfahrung sag ich dir,
das unterscheidet den wahren Mann vom Stier.

Fazit:
Wenn der Mann auch nicht so oft kann,
aber …
Qualität macht ihn zum wahren Liebh**aber**.
Das ist wirklich kein Gelaber.

Der Palmenblatthut von Fuerteventura*

Da war ich doch wirklich platt.
Ich bekam auf Fuerteventura einen Hut,
geflochten aus Palmenblatt.
Ich hatte Mut.
Setzte ihn auf – und muss nicht prahlen:
Er stand mir gut,
bot Schutz gegen die Sonnenstrahlen.

Da kam ein lauer Wind,
griff nach dem Hut geschwind,
trug ihn hinaus auf das Meer.
Nun bleibt's auf meinem Kopfe ganz leer.

Es war einmal ein Palmenblatt,
das hatte das Herumhängen satt.
Es kam ein Palmenblatt-Schneidemann.
Dem bot es sich durch Wippen an.

Dann war es gefangen
auf meinem Kopf als Hut.
Dank Seewind wurde das Palmenblatt frei und das
tut ihm offenbar gut.

**) Fuerteventura ist eine Ferieninsel im Kanaren-Archipel.*

Die Spitze im Teyde-Gebiet

Eine Gute-Nach(t)-Geschichte: von Gran Canaria zum Tejde*

Sichtlich zufrieden und entspannt liegt Maria auf dem Bett im Dämmerlicht des rustikalen Landhauszimmers. Hinter dem Fenster wiegt sich im leichten Wind der Dunkelheit das Meer der Bananenstauden. Aus den gespreizten saftiggrünen Blättern ergießen sich pralle gelb gefärbte Blütenstände. Schützend überdeckt das Blättermeer die süße, aromatische Reife der kleinen zarten Kanaren.
Der Ventilator im Zimmer summt sein Lied und bringt Bewegung in die warme, weiche sommerliche Abendluft: „Ssss, ssss, ssss, schrumm, schrumm … schrumm, ssss …“ Die Sterne haben den sonnig-bewölkten Himmel abgelöst.
Der Tag war voller Träume. Ein Replay der Gedanken lohnt sich. Maria hat dazu die Arme und Beine weit vom Körper gestreckt. Ihre Augen sind leicht geschlossen. Ein einladendes Lächeln umspielt ihre Lippen. Das Röckchen ist weit hochgestreift.
Die leicht gebräunten nackten Schenkel laden zur Entdeckertour ein. Dem Gast fällt ein spanisches Sprichwort ein, das ihm ein Freund übersetzt hat: „Eine Frau ist wie eine Gitarre, man muss sie erst stimmen, ihr Temperament zügeln, bevor man

sie benutzen kann." Hier hat der stimmungsvolle frühe Abend schon die Gitarre gestimmt. Die Situation ist fortgeschritten … und wie … Das ist poetisch gemeint, nicht sexistisch – liebe ehrenamtliche und selbst eingesetzte Zensoren und Zensorinnen, öffnen sie doch bitte ihren Blick für die Leichtigkeit. Das macht sie schön … Doch weiter auf der schönen Seite des Lebens.
Die Bluse von Maria aus dem zarten Gewebe ist weit geöffnet. Weiß wie Wolken umspielt sie die Hügel. Assoziationen mit dem Blick vom Gipfel Gran Canarias zum Tejde werden wach. Dieses Mal aber nur eine Hand entfernt. Der Gast streicht über die Bergspitze – erst über die eine, dann über die andere. Göttlich ist der Blick über die Wolken. Die Spitzen erstarren allmählich wie das Magma in den Kaminschloten der heißen Vulkane vor Millionen Jahren im zentralen Gebirgsmassiv von Gran Canaria. Die kleine Schlucht zwischen den beiden Gebirgskämmen lockt den einsamen Wanderer. Die Lippen des Gastes erreichen sie allmählich, beginnend bei Tejde Nr. 1 und etwas später, nach einiger Verweilzeit, bei Tejde Nr. 2. Er wandert längere Zeit am Ort – und dann eine leicht feuchte Spur mit den Lippen hinterlassend abwärts zur Schlucht, die ihn mit Sehnsucht erwartet. Er findet ein Biotop mit Untiefen. Hier lässt sich verweilen und die Zunge am feuchten, säuerlich-pikanten Quell laben …

Die Spitzen von Gran Canaria und Teneriffa

Der Schlot des Wanderers gewinnt an Höhe. Maria blinzelt und lacht leise. Mit den Händen hilft sie dem Wanderer über die Wolken hinweg zum Hotspot der roten Lippen. Die heiße Phase der menschlichen Körper beginnt. Allmählich – mit Genuss. Doch dann, explosiv, bricht der Vulkan der Lust aus. Der Ventilator summt sein Lied: „Ssss, ssss, ssss, schrumm, schrumm, schrumm, ssss …“ Es bewegt sich nicht nur die Luft. Eine Bewegung beginnt auf Hochtouren zu laufen, steigert sich im Sekundentakt. Alle Grenzen werden gesprengt …

Die Lava der Gefühle bricht los, bis sie früher oder später vom Ausbruch der warmen Lava männlichen Seins eingeholt wird. Es folgen die Nachbeben … Aaaach, ohhh, aa, a, a, a, aaaach. Und die können sooo schön sein.

**) Der Tejde erreicht die höchste Spitze als Berg und aktiver Vulkan Spaniens auf der Kanareninsel Teneriffa. Von den anderen Inseln des Archipels der Kanaren ist der Tejde zum Teil beeindruckend sichtbar. Ein wahrhaft erhebendes Gefühl entwickelt der Betrachter vom Gipfel auf Gran Canaria mit Blick über das Wolkenmeer nach Teneriffa.*

Warnung vom Körper

Im Büro sitzt du am Schreibtisch
bei einer Tasse Kaffee.
Der Tag war hart, aber schön …,
ist dein Resümee.
Da beginnt in den Ohren ein Rauschen,
immer stärker wie am Meer.
Es steigert sich zum Brausen.
Und das erschreckt dich sehr.

Die Bilder an der Wand
beginnen sich zu drehen.
Das Fenster von gegenüber
kommt zum Gehen.
Der Boden unterm Stuhl
schwankt wie beim Beben Stärke acht.
Du willst rufen, aber die Stimme versagt.

Ein Flimmern, gar Feuerwerk der Blitze
hast du vor Augen.
Es scheint dir die Sinne zu rauben.
Du greifst zum Telefon,
der Griff geht ins Leere.
Hitzewellen treiben dich
wie der Taifun das Schiff auf dem Meere.

Du bist allein.
Hörst in dich hinein.
Du bangst um dein Leben.
Der Schweiß rinnt in Strömen.
Du musst dich nicht schämen.
Bleib wach und hol dich zurück!

Es gelingt.
Der Angriff ist vorbei.
Mit der Ruhe bist du müde und matt.
Das war die Warnung vom Körper.
Es bleibt ein Patt.

Epilog:
Die Arbeit – du liebst sie
und möchtest sie nicht missen.
Die Zeit ertrinkt allerdings sinnlos
in Auflagen der Bürokratie.
So hast du in der Tat ein schlechtes Gewissen.
Du arbeitest lieber gern kreativ wie ein Genie.

Du arbeitest viel, du arbeitest schnell,
fühlst dich manchmal wie im Hamsterkarussell.
Manch originelle Idee fällt dir im Bett erst ein.
Das bereitet dir Freude, das ist keine Pein.
Gut gemeint der Rat:
„Lass dieses Arbeiten sein."
Nein!!!
Es gibt eine Lösung.

Wehr dich gegen Routine-Aufgaben,
auferlegt durch die Mächtigen ohne Sinn.
Inszeniere Proteste.
Verweigere dich.
Lass deinen Körper nicht im Stich.
Nur das bringt dem gesunden Körper
einen Gewinn.
Es ist für dich das Beste.

Zärtlichkeit und Mächtigkeit

Er auf dem Bett

Es ist ein heißer Sommerabend.
Ich genieße ihn –
an einem gekühlten Bierchen labend.

Ich liege nackt auf dem glatten Bett.
Ich bin allein und mach es mir nett.
Die Beine gespreizt …
Schatz, was dich immer wieder reizt.

Ich spiel an meinem Körper
immer noch auf dem Bett.
Der Schwanz gleitet durch die Finger.
Du bist leider nicht im kargen Hotelzimmer.
Ich träume von dir, mein Schatz in der Ferne.
Du machst das sonst und ich hab es gerne.
Wir sind getrennt über hunderte Kilometer.
Ich möchte auch via Internet
keinen Eros-Vertreter.

Erst das Wochenende
bringt uns schöne Stund'.
Dann werden Psyche und Physis
von uns Liebenden wieder gesund.
Da läuft dann Erotik rund.

Jetzt liege ich im Hotelzimmer allein.
Der Beruf bringt es mit sich
und auch etwas ein.
Den Anschluss vom Escort
lege ich beiseite.
Denn übermorgen ist der Tag,
da überwinde ich die Weite,
fahre wieder zu meinem Schatz,
der auf mich wartet adrett.
Vorweg mach ich es mir
auf dem glatten Bett weiter nett.

Meine Tasche hat 99 Taschen

Eine Tasche brauchen Frau und Mann
für Shopping, Reisen, Alltag, Beruf
dann und wann.
Hinein kommen neben intimen
Utensilien und Heimlichkeiten
Bücher, Nahrung, Papiere, Laptop,
Stifte, spezielle Besonderheiten.

Taschen gibt es unterschiedlicher Art,
hässlich oder apart,
in den verschiedensten Farben.
In dieser Hinsicht muss man nicht darben.

Geschenkt bekam ich kürzlich eine Tasche.
Sie folgt einer modernen Masche.
99 Unter-, Unteruntertaschen
hat diese Tasche.
So suche ich in den Tiefen
der vielen Taschen der Tasche.

Ich tauche mit den Händen ab
in eine Unterwelt.
Dort finde ich manches;
manchmal auch Geld.
Die Tasche ist ein wahrer Such- und Fundort.
Ist etwas fort, dann find ich es dort.

Alles sinkt auf den Grund.
Es passt viel rein,
denn sie besitzt einen großen Schlund.
Trotzdem, sie hat etwas,
die Tasche mit den vielen Taschen –
mit Reiß- und Klettverschlüssen,
Druckknöpfen, mir unbekannten Laschen.

99 Taschen hat meine Tasche,
Taschen groß und klein.
Nicht in jede lege ich etwas rein.
Allerdings sind viele der 99 Taschen mehr Schein
als Sein.

Wechselst du die kleinen Taschen in der Tasche, so
sei auf der Hut.
Das Suchen dann bringt dich in Rage, in Wut.
Das Suchen dauert mitunter Tage
oder erfordert eine Leerung total.
Es bleibt dann keine Wahl.
Mir bereitet das keinen Spaß – ohne Frage.
Das Suchen wird zur Qual.

Neulich machte jemand Sex.
Die Dame sah das im Komplex.
Sie wolle ein Kondom.
Der Herr ging mit ihr konform.

Die Tasche mit 99 Taschen

Das Kondom hatte er vermutet
in einem Täschchen in der Tasche.
Wo? Die Antwort gab es nach der Tat.
Er hatte das Kondom einfach nicht parat …
suchte und suchte, die Zeit verging
und mit ihr die Lust.
So kuschelten beide mit etwas Frust.

Es scheint eine moderne Masche
und muss Designerwille sein.
Sie sind da, die kleinen Taschen.
Die Tasche ist mit ihren vielen Taschen
eigentlich gemein.

Fazit:
Wie oft, ist ein Zuviel nicht gut.
In diesem Falle verliert man
beim Suchen den Mut.

Der traurige Opa

Zwei kleine süße Mädchen haben mich lieb.
Ich bin ihr erster Herzensdieb.
Doch sie zogen in die Ferne.
Das hat Opa nicht so gerne.
Der Beruf ihrer Eltern ist der Grund
für den lokalen Bevölkerungsschwund.
Sei es, wie es sei:
Die Mädels sind so weit weg.
Da fließen die Erinnerungen
wie durch ein Leck.
Wir sollten uns bald besuchen
und gemeinsam erlebnisreiche Stunden suchen.
Es klingt etwas vermessen,
aber sonst wird ein Opa schnell vergessen.
Mädels, ich drücke euch ganz fest,
damit ihr mich nicht vergesst.

Herbst gegen Winter

Herbst

Es geht immer weiter,
immer weiter, immer weiter,
auf der Jahreszeiten-
wie auf der Lebenszeiten-Leiter.
Der Herbst bedeutet Rast,
der Jung wie Alt mehr oder weniger
zwangsläufig erfasst.
Herbst.

Braune, rote, gelbe, grüne
Blätter treibt der Wind.
Die Blätter mag wohl gern
ein jedes Kind.
Er rüttelt an Bäumen und an Pflanzen.
Bald schweben
die ersten Schneeflocken zum Tanzen.
Sie zaubern in Windeseile
auf Zeit eine neue Welt.
Herbst.

Viele Farben haben der Jahreszeiten-
und der Lebensherbst.
Das gefällt.
Herbst
Die bunten Blätter fallen,
fallen und fallen.
Das gefällt längst nicht allen.

Nachbar Hempel will
mit dem Laubkehren noch etwas warten.
Dann wirbelt der Wind die Blätter
in einen anderen Garten.
Er leistet diesen Dienst völlig kostenlos.
Mich amüsiert es, finde die Hilfe
des Herbstwindes famos.
Herbst.

Braunes, blondes, schwarzes, rotes,
buntes, graues Haar zerzaust der Wind.
Er stylt das Haar leicht-locker und geschwind.
Es ist nicht zu fassen,
die Alten rücken ihrem Winter näher
und nehmen es gelassen.
Oma nimmt für den bevorstehenden
die Schuhe mit den Spikes aus dem Spind.
Herbst.

Die Eichhörnchen im Stadtpark
verstecken noch ein paar Nüsse.
Liebespaare im Park tauschen saisonal
die letzten heißen Outdoor-Küsse.
Wir wissen nicht,
was der Winter führt im Schild.
Wird er streng in puncto Temperaturen, Schneege-
walt oder mild.
Herbst.

Sonne mit Licht und Wärme
machen sich zunehmend rar.
Es kommen Nässe, Kälte,
Nebel und Dunst.
Wir sehen nach frostiger Nacht den Reif –
wie wunderbar.
Wie mit Zuckerkristallen an Bäumen
und Gräsern gestaltet die Natur
ihre filigrane Kunst.
Herbst.

Mutter Erde gibt uns
in der Pause wieder Energie.
Sie treibt uns voran wie nie.
Der Wind verwirrt farbiges
wie natürlich graues Haar.
Das Alter spielt in diesem Fall keine Rolle –
das ist wunderbar.
Herbst.

Doch die Natur macht keine Pause.
Sie stärkt sich für neues Leben.
Sie wird immer nach Neuem streben.
Bald brechen die ersten Blüten.
Kommt, lasst uns das junge Leben behüten.
Es wird auch wieder Frühjahr.

Himmel und Hölle

Himmel und Hölle …

Tief unter-irdisch und hoch außer-irdisch

Zwei Steine halte ich in meiner Hand.
Diese Steine sind keineswegs selten,
aber relativ wenig bekannt.
Zwei Steine unterschiedlicher
Herkunft und Geburt.
Sie gehören irgendwie zusammen und zur Erde.
Ist das nicht absurd?

Beide sind von ganz besonderer Natur.
Verschieden sind Inhalt und Figur.
Der eine bizarr, ähnelt einer
modern-abstrakten Skulptur.
Der andere zumeist schwarz bis dunkelbraun,
glatt glänzend wie eine Glasur.

Der Körper des einen ist steinhart,
bei dem einen bestehend Eisen und Stein.
der Körper des anderen glashart.
Kieselsäure, Silicium soll das Material sein.

Beide hatten sie eine heiße Geburt.
Sie landeten auf der Erdoberfläche
in einem schnellen Endspurt.

Der macht sie hart,
nachdem jeder auf seine Art
nach einer Feuerspur erstarrt.

Zwei Steine halte ich in meiner Hand,
Meteorit aus dem All und Obsidian*
aus der Erde innerer Feuerwand,
zwei Boten aus der Ferne
und mit schwerem Gewichte.
Mir kribbelt es im Bauch bei dieser Geschichte.

Ein Meteorit aus Eisen und Gestein
flog einige Millionen Jahre durch das All.
Dann begegnete ihm die Erde.
Es begann der Fall.
Sie zog das Gebilde aus Eisen und Stein an.
Er landete auf ihr, mit lautem Knall
und großem Feuerball.

Aus der tiefsten Tiefe der Erde,
da, wo die Erde kocht,
schießt unter starkem Druck
flüssiges kristallines Gestein
aus Erdspalten und Vulkanschlot
an die Oberfläche von Mutter Erde.
Das flüssige Gestein kühlt schnell ab.

Es wird zum sogenannten Vulkanglas.
Beide Boten, aus der Erde und aus dem All,
findet man an vielen Plätzen vom Erdenball.

Sie wachsen nach pro Jahr:
Ist das nicht wunderbar.
Mutter Erde wird für die Meteoriten
zur Mutter adoptiv;
mit vierzig Tonnen pro Jahr intensiv.

Nachgeschichte:
Die beiden Energie-Kraftpakete
von Kosmos und Erdkernnähe
vereinige ich zu einem Amulett.
Das trage ich an der Halskette immer,
damit es jeder sehe,
ob auf Arbeit,
in der Freizeit und im Bett.

Dazu eine Weisheit von meinem libanesischen Freund Mohamad: „Du bist wohl jung verliebt“, fragt Mohamad auf die beiden Sendboten an der Kette um meinen Hals zeigend und lächelt. „So sagen die Leute in meiner Heimat Libanon.“ Ich wolle nur zwischen der irdischen und kosmischen Energie stehen, war meine nüchterne Antwort. „Das ist gut“, führte er den kurzen Dialog fort. „Aber ich spüre noch nichts“, entgegnete ich. „Nun, vielleicht wäre manches Harmlose sonst schlimmer gekommen …“, stellte Mohamad mit wissendem Gesichtsausdruck fest. Richtig, denken wir positiv.

Eine große Liebe für ein kleines Handy

Hilflos bin ich wie ein kleines Kind,
wenn ich dich suche und nicht find.
Ich lass dich
von einem deiner Geschwister rufen.
Das beschleunigt dann enorm das Suchen.
Oh, du mein geliebtes Handy.

Ich muss dich nicht beschreiben,
denn dich kennt doch jedes Kind.
Du hast dich wirklich entwickelt,
und das geschwind,
von viertausend auf hundert
Gramm Gewicht – das klingt wie eine Sage.
Doch das bestätigt die Waage.
Oh, du mein geliebtes Handy.

Man trägt dich in der Hosen-, Sakko-,
Akten- und Handtasche
oder eingehängt in einer Gürtellasche.
Es nutzen dich weltweit Mann,
Frau und Baby, Alt und Jung,
der Arme und der Reiche.
Es wird die Zeit kommen,
wir geben dich ins Grab zur Leiche.
Oh, du mein geliebtes Handy.

Die große Liebe: das Handy

Dein Besitzer ist mitunter sehr mobil.
Das Handy ist dabei und informiert
Interessenten wie Staatsmacht
und Crime viel über sein Ziel.
Allerdings schützt es in der Ferne
auch dein Eigentum via Internet.
Ob dein Partner mit einer
oder einem anderen schläft im Bett.
Oh, du mein geliebtes Handy.

Ahhhh, ohhh –
wenn du unweit der erogenen Zonen vibrierst,
weißt du, dass du mich dann völlig verwirrst.
Mann oder Frau gerät folglich ins Träumen.
Du lädst ein,
dadurch etwas anderes zu versäumen.
Oh, du mein geliebtes Handy.

Manch Handybesitzer
mit dem gekrümmten Däumchen
läuft vor sich hin,
schaut gebannt auf das Display
und ist voll im Träumchen.
Er ist in einer anderen Welt.
Doch Vorsicht, auch Träumen kostet Geld.
Oh, du mein geliebtes Handy.

An dir wird gespielt,
du wirst gestreichelt und gedrückt.
Dabei sind deine reiferen Nutzer ganz verzückt.
Teenager spielen mit dir so intensiv beglückt.
Vielleicht wird dabei einer sogar mal verrückt.
Oh, du mein geliebtes Handy.

Was du leistest, das ist wirklich spitze.
Nachrichten, Filme, Wissen, Musik
holst du weltweit heran.
Du verbindest Dörfer im indischen Dschungel
oder im Eis von Grönland
mit Berlin, London und Paris.
Die Welt wächst langsam zusammen.
Das Handy beschleunigt dies.
Oh, du mein geliebtes Handy.

Du bringst vieles: maps, news, play,
google, wiki and so on.
Nicht wenige deiner Besitzer
schauen mehr auf das Display,
mehr Facebook als in ihrer Kinder face.
Das kleine Handy bringt
Kommunikation ins Haus.
Das kleine Handy wirft sie zugleich raus.
Oh, du mein geliebtes Handy.

Das Handy sei schuld an fehlenden Gesprächen
mit Familie und Freunden
und ein Verlust an Mußestunden.
Diese Ansicht war zu allen Zeiten
in puncto Technik bei vielen
in aller Munden.
Als das Rad am Wagen erfunden wurde,
gab es vermutlich auch Bedenken.
Doch es ist ein Kampf gegen Mühlen,
moderne Technik einzuschränken.
Oh, du mein geliebtes Handy.

Mensch – nur du bist schuldig
an mangelnden Gesprächen.
Irgendwann wird sich dieses Verhalten rächen.
Du kannst die Technik erdenken
und musst sie aber gleichzeitig geistig lenken.
Oh, du mein geliebtes Handy.

Denken an mich dich?

Liebste, ich wache auf, denk an dich.
Dabei wäre es vielleicht besser,
ich denk an mich.
Der Zeitgeist will, jeder denke an sich.
Doch ich brauche dich.
So denk ich an uns …

Sterben –

die einzige natürliche Gerechtigkeit

Lebenszeit, Lebensqualität und Gesundheit
kann der Reiche oder Mächtige
kaufen, die Unendlichkeit des
Lebens nicht.

Das ist zwar Gleichmacherei,
aber Gerechtigkeit.

Nachbemerkung:
Die Atheisten:
Dann müsste es ja einen Gott geben,
der entscheidet und überwacht.
Wer spielt Gott?
Die religiös Gebundenen:
Gott entscheidet – aber welcher?

Kinder-Abzählreim

Opa & Oma kommen

Alle Kinder rufen Hurra,
jetzt sind Opa und Oma da.
Die machen mit und schauen nicht nur zu,
wenn wir spielen Blindekuh.
Ene, mine, muh und raus bist du.

Opa rennt

Opa gern den Nächsten beim Verstecken nennt.
Doch Opa hat's verpennt.
Der Opa deshalb rennt.
Eins, zwei, drei und du bist dabei.

Der Pups

Ein Pups wollt geh'n auf Wanderschaft.
Ob er das wohl schafft?
Denn ist er aus dem Körper raus,
bedeutet das zumeist sein Aus.

Ein Pups – das weiß doch jedes Kind –
ist ein leiser oder lauter,
arm oder reich an Geruch,
entsandter Darmwind.
Im Freien sein Dasein sich rasch verflüchtigt
und ebenso sein Duft.
Wie ein Tropfen im Ozean
vermischt er sich mit der Luft.

Der Pups ist zwar für Wohlbefinden ein Zeichen,
doch bitte lasst ihn diskret entweichen.
Der Arzt fragt im Krankenhaus,
ob die Winde geh'n.
Wenn ja, so kann der Patient
der Genesung entgegenseh'n.

Mit einem Schwups
ist er manchmal da, der Pups,
entweicht im Auto, Flieger oder Bahn,
da bleibt er länger konzentriert.
Peinlich für den Verursacher, dem es passiert.

Mal riecht er würzig, mal weich,
oft auch jämmerlich,
mal ist er trocken, mal ist er feucht,
wie auch immer, ist er entfleucht,
er die Menschen seiner Nähe verscheucht.

Geschieht es im Theater
oder in der Warteschlange,
da wird nicht nur dem Verursacher bange.
„Wie das wieder riecht!“, meint Paul
und … rümpft die Nase.
Dabei gehört er eigentlich ihm.
Doch keiner weiß das so genau,
denn der Pups steht jetzt noch
zwischen Mann und Frau.

Bei den großen Tieren
ist das Gasablassen normal.
So wird das Gas im Bauch nicht zur Qual.

Der Unterschied

Ein großer und kleiner Unterschied:
In der Wissenschaft und im Alltag
findet er Gefallen
bei vielen, aber nicht bei allen.
Ideologen behaupten, wir sind alle gleich.
Oh, wenn es so wäre,
ich fühlte mich gerade dadurch total ungleich.
Vielfalt macht doch unser Leben reich.
Ich will sein ein Unikat.
Ach, wie ist Gleichmacherei doch fad.
Wir sind infolge langweilig und arm
wie im Ozean ein Heringsschwarm.
Schön, mein Freund,
dass du nicht so bist wie ich.

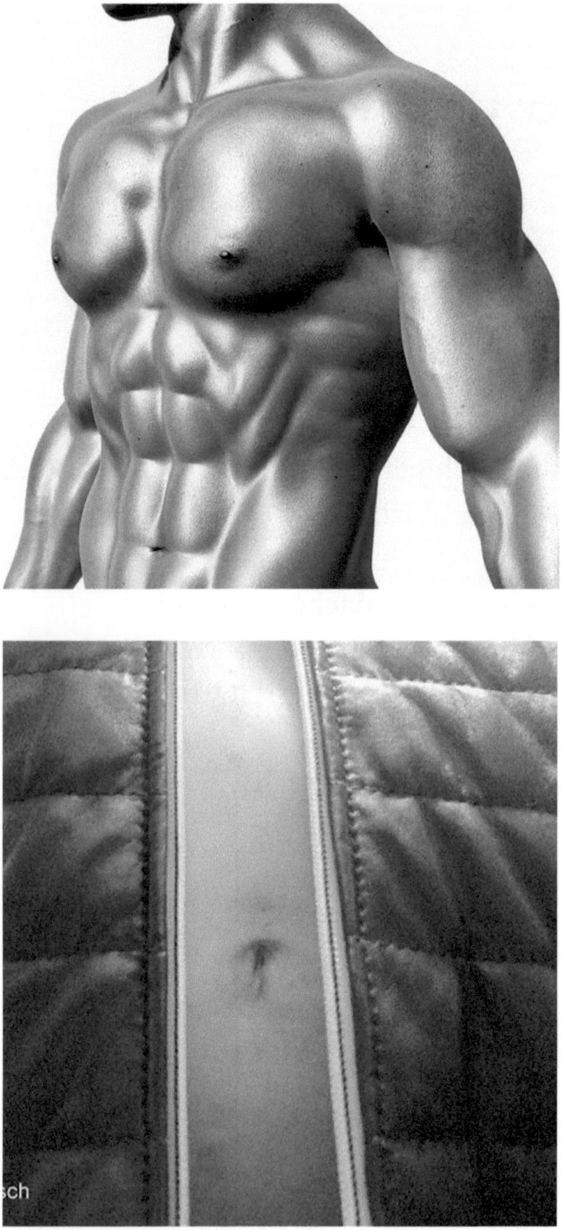

Sixpack oder Kullerbauch

Sixpack oder Kullerbauch?

Sixpacks verbinden viele Frauen
mit Männlichkeit, manche mit Hardcore-Sex.
Es sind sechs Würstchen am Bauch,
die sieht Frau komplex.
Die zusammengerollten Bauchmuskeln
entstehen durch Kraft.
Folglich stehe auch der Träger voll im Saft.

Zweifellos: Krafttraining verlangt einen
auf Körperkraft orientierten Mann,
der seine Bauchwürste pflegen
und hervorheben kann.
Durch Öle glänzend poliert,
wird die Wirkung potenziert.

Würde es Würstchen geben für das Hirn,
dann hätte der geistig Trainierte
vielleicht Würstchen an der Stirn.

Manchen gefällt es, anderen nicht.
Wieder andere finden den Kullerbauch schön.
Über Geschmack lässt sich streiten,
da urteilt kein Gericht … zum Glück.

Madame Coco

Madame Coco

Sie liegt zu meinen Füßen,
hautnah an mich geschmiegt.
Sie musste vorher büßen,
ehe sie mein Herz hat besiegt.

Sie leckt nun genussvoll ihre Schenkel.
Ihr Körper ist geschmeidig und glatt.
Erst beim genauen Hinsehen merkt Mann,
was Coco körperlich zu bieten hat.

Die Kleine schaut zum großen Mann hoch
mit ihren großen, tränenden Kulleraugen.
Der Blick melancholisch, traurig doch.
Eine Sorgenfalte will wie ein Wurm
an der Stirn saugen.

Sie ist eine reife Dame, Coco ist ihr Name,
eine sechsjährige kleine Dogge, ein Mops,
freut sich mit stürmischem Engagement
über Hotdog und Klops.

Diese Hunde – Coco, verzeih mir –
sind eine hässliche Zucht
mit hängenden Ohren,
gequetschter Nase,
sichtbaren Zähnen.

Es kommen einem als Menschenmann
fast die Tränen
über die Hässlichkeit mit derartiger Wucht.

Coco ist so hässlich und dadurch wieder schön.
Komm, Coco, lass uns spazieren gehn.
Sie folgt mir in die Kneipe,
wenn ich habe Durst.
Dann gebe ich ihr manchmal eine Wurst.

Gern schmiegt Coco
ihren Körper hauteng an meine Beine.
Coco ist sportlich, kein richtiger Hund
und beißt bestenfalls zum Scheine.
Madame liebt Kinder, lässt sich beim Spiel fast
alles von ihnen gefallen.
In dieser Hinsicht muss ich sie loben.
Sie mag es, mit Kindern herumzutoben.

Resümee:
Der Mops sieht zwar aus wie ein Klops,
doch die inneren Werte
lassen aus ihm eine Perle werden.

Gewidmet den Frauen der Kriegsgeneration

Mutter – alles mit Güte und Verstand

In Anlehnung an
Kurt Tucholsky: ‚Mutterns Hände“

Mutter, Dank dir.
Du hast mich hochgebracht
und dabei oft verschmitzt gelacht,
denn du liebst wahrhaftig das Leben.
Hast Rat gegeben,
getröstet, unterstützt und gepflegt,
ersehntest Harmonie
und warst bereit zum Geben
für ein gutes Leben.
Alles mit Güte und Verstand …

Hast Wäsche gewaschen,
gabst mir immer etwas zu naschen
oder aus der Geldbörse etwas vom Baren,
auch wenn die Zeiten schwierig waren.
Alles mit Güte und Verstand …

Du warst auf Arbeit im Betrieb geehrt,
denn du warst dort gut.

Bist neue Wege gegangen,
die erforderten Mut.
Du hast ständig dein Wissen vermehrt.
Deine Kompetenz wurde geehrt.
Alles mit Güte und Verstand …

Fremdes Geld hast du verwaltet und gezählt.
War 'n Cent zu viel, zu wenig oder versteckt,
hat dich das in der Nacht gequält.
Alles mit Güte und Verstand …

Du hast bei meinen Prüfungen gebarmt,
war ich der Sieger oder auch nicht,
mich liebevoll umarmt.
Hast Schulden beglichen.
Wenn ich dich brauchte,
bist du nicht von der Seite gewichen.
Alles mit Güte und Verstand …

Mutter, du bist nun in die Jahre gekommen.
Die Zeit rannte für dich,
denn du hast sie intensiv wahrgenommen.
Die schlechten Jahre hast du verdrängt.
Kriegselend, der faschistische Wahn
hatten dich als Teenager stark eingeschränkt.

Alles mit Güte und Verstand …
Du hattest als Kind zwar keinem etwas angetan,
doch lagen Körper und Psyche lahm.
Du hattest lange gelitten daran,

doch siehe da –
du hast gesucht und gefunden deine Bahn.
Alles mit Güte und Verstand …

Auf eigenen Wegen, nicht im Trek
bist du im Kriegsjahr 45 geflohen
gen Westen.
Vorwiegend gelaufen von Schlesien
bis ins österreichische Linz.
Das ging am besten.
Alles mit Güte und Verstand …

Unter Hunger, Kälte,
Ungeziefer und Dreck hast du gelitten.
Häufig ist der Tod an dir vorbeigeglitten.
Du hattest Hunger wie ein Bär.
Hast auf dem Acker gelesen
mit der Hand die Körner der Ähr'.
In den Nachkriegsjahren
für wenig Geld geschuftet.
So war die schöne Jugendzeit bald verduftet.
Alles mit Güte und Verstand …

Mit über 90 bist du heute aber
noch nicht am Ende.
Du machst dich nützlich
mit mancher Arbeitskraftspende.
Manche Flickarbeit rutscht traditionell
durch deine Hände;
auch die Korrektur von diesem Text.

Alles mit Güte und Verstand …

Du kontrollierst selbst deine Finanzen,
schreibst Briefe mit der Hand an die Instanzen.
Du gehst ins Konzert, ins Theater,
zum Tanzen, machst Kultur.
Du liebst aktiv die Natur.
Du kritisierst, wenn es nötig,
bist auch manchmal stur.
Das Streben nach Harmonie
bis ins Extrem ist deine Natur.
Alles mit Güte und Verstand …

Du setzt dich für andere ein.
Das müsste eigentlich nicht sein.
Kurzum, du bist aktiv und folglich fit.

Ist dein neuntes Lebensjahrzehnt
ein flotter Ritt,
trotz einiger Krankheiten und Beschwerden,
die aber von dir klein gehalten werden.
Alles mit Güte und Verstand …

Natürliche Zickzackkurve der Erotik

Jung und Alt – ein vielleicht seltsames Liebespaar?

Herr X hat etwas Besonderes – einen Freund. Aha.
Was ist das Besondere?
Eben der Freund … Aha.
Was ist das Besondere?
Die Schönheit des Freundes,
sein gebräunter Teint, seine makellose Haut,
braunen Mandelaugen mit den Lachfalten,
die erotischen Lippen, der kräftige Bartwuchs,
die wohlgeformten schneeweißen Zähne,
die sportliche Figur.
Was ist das Besondere?
Die Intelligenz und Bildung des Freundes,
sein Charme und Witz.
Was ist das Besondere?
Die große, helle Haarsträhne
im brünetten Haar über der Stirn,
ein deutliches Erkennungsmerkmal
und etwas Besonderes.
Nein – was ist das Besondere?
Er ist nicht von hier – er ist Franzose.
Oh, là, là. Was ist das Besondere?
Er ist Franzose und Berber, ein Mischling.
Nichts Besonderes also. Was ist das Besondere?
Er ist schwul.

Warum nicht?
Was ist das Besondere?
Was ist nun das Besondere?
Der Freund ist 22 Jahre jung.
Was ist das Besondere?
Herr X hat 52 Jahre erreicht.
Was ist das Besondere?
30 Jahre Altersunterschied?
Das Besondere:
Sie lieben sich intensiv,
weil sie sich liebhaben.
Das wäre das Besondere.
Ach was: da wirken doch Geld und Trieb!
Sie haben sich wirklich lieb.
Kaum zu glauben.
Das ist das Besondere? Nein.
Und wenn doch? Na und –
wirken doch diese Komponenten
in vielen anderen Partnerschaften.
Liebe favorisieren die meisten Menschen
gegenüber Gewalt.
Liebe relativiert Unterschiede.
Warum nicht auch diesen?!
Ja, das ist das Besondere.

Wie das Leben so spielt.
Was doch die Menschen
innerhalb kurzer Zeit
akzeptieren lernen mussten:
Paare unterschiedlichen Alters –
früher nur in der Mittel- und
Oberschicht möglich,
Paare unterschiedlicher Hautfarbe,
Paare gleichen Geschlechts …

Der Mensch gewinnt an Individualität
und an sozialer Zufriedenheit.

Das ist heute noch das Besondere.
Doch es schwindet
allmählich und zunehmend …

Ein Schwulen-Sex-Problem?

Episode 1
Ein deutsches Fernseh-Kamerateam fragt Herrn X auf der Straße nach seiner Meinung zu Homosexuellen. Er antwortet, dass es jedem seine Sache sei, womit er sich in der Freizeit beschäftige.
Eine Frage zu Heteros stellen sie ihm nicht.

Episode 2
Zum ähnlichen Thema soll Herr X im indischen Schlafwagenzug von Delhi nach Jodhpur antworten: Ein zugestiegener älterer Fahrgast – ein schwuler Jude aus den USA, wie er sich selbst vorstellt – will die Einstellung von Herrn X zu Schwulen wissen.
Dieser antwortet ihm schlaftrunken um vier Uhr morgens – man beachte die Uhrzeit – ebenso wie dem Fernsehteam und ergänzt lediglich, dass in Deutschland Schwule als Politiker gewählt werden. Warum auch nicht?!
Offenbar haben einige Menschen, auch Schwule, immer noch ein Homo-Sex-Problem.

Du und die katholischen Schwestern

Erwacht, bist mein erster Gedanke du.
Keine Angst, ich lass dich noch in Ruh.

Heute gehe ich
zu den katholischen Schwestern,
denke nicht, die seien von gestern.
Sie pflegen modern und mit Leidenschaft.
Das baut mich auf und gibt mir Kraft.

Ich lass mich dort operieren.
Die Klinik ist besonders kompetent.

Doch zurück zu den Schwestern,
die nicht sind von gestern.
Sie glauben zwar nur an den einen Mann,
doch der Glaube ist das eine,
das andere, was die Frau kann.
Ein Mann wird gebraucht
für Glaube und Liebe,
doch andere zur Befriedigung der Triebe.

Mein Schatz, ich wünschte,
dass bei uns vereinigt werde
Glaube, Triebe und Liebe –
und dies auf Ewigkeit so bliebe.

Reiche Leute

sind mitunter arm,
Arme oft reich.
Unterschiedlich sind zumeist die Ziele,
die wiederum von der Biografie
bestimmt werden.

Gewidmet allen Männern 50+

Wenn der Alte nicht mehr kann …

Fünfzig Jahre und etwas Plus werden erreicht.
Nicht einfach für den aktiven Mann.
Viele denken, dass er nun nicht mehr kann.
Doch diese Annahme ist zu leicht.

Die Gelenke beginnen zwar zu schmerzen.
Die Haut wird faltig und schlaff.
Die Welt wird enger wie ein Kaff.
Was es alles für Zipperlein gibt.
Da bist du baff.

Noch beginnt Mann zu scherzen
über Prostata und über Impotenz.
Die Vernachlässigung des Körpers
wird sich rächen.
Die Zeit wird kommen
mit den Gebrechen.

Ärzte werden konsultiert,
Wässerchen, Salben und Pillen ausprobiert.
Das Ziel: die Jugendlichkeit festhalten,
nicht abgeschoben werden zu den Superalten.

Die Superalten sind real nahezu ohne Recht.
Individualität zu behaupten,
funktioniert in dieser Gruppe schlecht.
Es wird kollektiv gefüttert und gewindelt.
Für die Psyche werden gebastelt Deckchen,
Körbchen und Kastanienmann –
glaub mir, da müssen alle
ohne Unterschied ran.

„Kommen sie schnell!“, wird gerufen.
„Wir tanzen jetzt alle im Sitzen.“
Es wird ein Ball selbstverständlich
auf dem Tisch gerollt.
Wehe, wenn einer aus der Reihe sich trollt.
Teilnahme für Opa und Oma kollektive Pflicht.
So wird der ehemalige Lehrer
oder die Chefsekretärin herabgesetzt
zum ganz, ganz kleinen Wicht.
Hier trifft zusammen,
was eigentlich nicht zusammengehört.
Der geistig Wache wird vom Debilen gestört.

Die Superalten bleiben trotzdem
individuell einsam und verlassen.
Ihr Wohlgefühl ist abhängig
von der Laune der Krankenkassen.
Es herrscht im reichsten Land Europas
solch große Not,
dass ehrenwerte Alte

stundenlang liegen im eigenen Kot.
Farbigkeit gibt es genug,
leider auch so manchen Betrug.
Viele der Alten-Aufbewahrungsanstalten
sind auf diese Art erquickend und labend.
Den Durchschnittsverdiener
in diesem Getriebe
erwartet weniger Liebe,
wohl aber ein spannender Lebensabend.

Ein Meer an Frühlingsblüten

Über Nacht
hat der Frühling uns zarte Blüten gebracht;
Magnolie, Pfirsich, Aprikose.
Komm, Mädchen, sei keine Mimose.
Die blüht erst viel später –
jetzt sind wir noch locker und lose.
Der Frühling kennt kaum Widerspruch.
Wenn er kommt, gerät die Natur
außer Rand und Band.
Manch Tier und Mensch seinen Partner fand.

Aus altem Holz schießen viele junge Triebe.
Wie beim Menschen –
als Zeichen der Zukunft und der Liebe.
Ach, wenn es doch allezeit so bliebe.
Denn aus jung wird schnell alt;
so ist der Lebensrhythmus halt.

Der Frühling hat uns
mehr als zarte Blüten gebracht.
Welch eine große Pracht!
Ein Zeichen der Natur
für Frische und Neubeginn …
Erneuert werden könnten allerdings

Blütenmeer

auch die Macht und Ideen,
so kommt es mir in den Sinn.
Wer sich nicht verändert, der bleibt steh'n.

Die sanfte, laue Frühlingsluft
uns charmant dazu aufruft.
Revolutionen sind selten
im Sommer, eher im Winter,
das wissen doch bereits die Schulkinder.

Noch ist das Jahr im Frühjahr früh.
Da lohnt sich noch jede Müh.
Doch es hat keine Weile,
wenn du willst den Boden bestellen,
den Mief des Winters belüften,
ihn ersetzen durch des Frühlings Düften.

Glaub mir: es lohnt der Mühe,
etwas für Sommer, Herbst, Winter,
für die Zukunft zu tun in der Frühe.
Über Nacht hat der Frühling
uns zarte Blüten gebracht,
ganz sacht.
Es sei sorgfältig bedacht,
was der Mensch
aus den Zeichen der Natur macht.

Wo – Mu – Ma: Was war zuerst da – Wort, Musik, Malerei?

Ein dadaistisches Buchstaben- und Wortspiel, angeregt durch die Steinzeit-Höhlenmalerei in Asturien. In dieser spanischen Region graben Archäologen die ältesten Menschen Europas aus.

W – M – M
W – M – M
M – M – W
M – M – W
M – M – W
M – M – W

Wo – Mu – Ma
Wo – Mu – Ma

Ma – Mu – Wo
Ma – Mu – Wo

Mu – Ma – Wo
Mu – Ma – Wo

Wor – Mus – Mal
Wor – Mus – Mal

Mal – Mus – Wor
Mal – Mus – Wor

Mus – Mal – Wor
Mus – Mal – Wor

Wort – Musik – Malerei
Wort – Musik – Malerei

Musik – Wort – Malerei
Musik – Wort – Malerei

Malerei – Wort – Musik
Malerei – Wort – Musik

Schluss-Reim für den Leser

Muss ein Schluss-Reim sein.
Eigentlich nein.
Aber der Autor legt trotzdem
einen ins Buch hinein.
Am Buch arbeitete der Autor
zwölf Monate lang.
Nicht jeden Tag zwar,
das wäre zu lang.
Dem Verleger wurde ohnehin
schon angst und bang.

Liebe Leute, kauft das Buch
und ermöglicht ihm ein langes Leben,
indem ihr darüber sprecht
und es nutzt zum Weitergeben.
Auf keinen Fall lasst es
im Bücherbord verstauben.
Das wäre schade um die Texte,
könnt ihr mir glauben.

Abschied

Ausgewählte Themen sortiert nach Inhalten

Ach, ich bin so glücklich

Tiere, Natur, Landschaft

Liebe die Liebe

Frauen, Frauen, Frauen

Typisch Deutsch

Wie das Leben so spielt

Schluss-Reim für den Leser

Inhalt

Nichtzusammengereimtes über den Autor Dr. Harald Schmidt

Der promovierte Soziologe, Journalist und Autor leitet seit mehr als 25 Jahren das private Leipziger Institut für empirische Forschung LEIF. Hier werden alle Methoden der soziologischen Forschung angewendet, um Ergebnisse für hunderte Konzeptionen, Image-, Strategie- und Marketing-

papiere für Interessenten aus fast allen europäischen Ländern zu erhalten.
Dr. Schmidt forscht vorrangig auf den Gebieten Tourismus, Freizeit, Medien sowie soziologische Gruppen wie Jugend, Kinder, Senioren.
Als Reisejournalist besucht Harald Schmidt Regionen auf allen Kontinenten von der Arktis bis zur Antarktis oder von Peru bis Kamtschatka.
Er veröffentlicht Beiträge in Reisemagazinen von Tageszeitungen, auf Internetportalen oder schreibt belletristische Bücher. Dazu gehört ein Reiseführer Sachsen für Kinder und junge Jugendliche. Seine Erzählungen und Lyrik über das von vielen Europäern bereiste, aber doch teilweise ‚unbekannte Spanien' wurden im Buch ‚Das Mammut mit dem roten Punkt' publiziert.